산다는 것은
기착지 표기 없는 지도를 들고
누에가 갉아 먹는 뽕잎처럼
순간의 생명을 지우며
낯선 길을 가야 하는 여행이다

김양호 시집
산다는 것은

지식과 사람들

■ 시인의 말

 30년 공직생활을 하는 동안 1960~1970년대의 암울했던 격동기와 1980년대 민주화운동시대를 거치면서 경직된 고정관념과 심상을 순화하기 위해 늘그막에 문학공부를 시작했다.
 문학을 통하여 지금껏 보고 듣고 느낀 삶을 진솔하게 재조명함으로 해서 진정한 나를 발견하고 올바른 가치관을 정립하여 바르게 살고자 하였을 뿐, 좋은 시 짓기에 욕심 낸 것은 결코 아니다.
 시의 세계는 우주를 넘어서 상상에 이르기까지 무한광대하다. 시를 짓는 것은 자신의 생각과 감정을 정제하여 글로 나타내는 것으로 인격을 도야하는데 가장 좋은 수단의 하나라고 믿는다.
 필자는 어떤 시가 좋은 시이고, 좋은 시는 어떻게 지어야 하는지 모른다. 그러기에 《산다는 것은》 제하의 시집을 출간하지만 독자에게 좋은 서평을 받을 수 있으리라 기대하지 않는다.
 다만, 우연한 기회에 이 글을 읽는 독자에게 백년의 서구문명에 밀리어 오천년 역사의 우리 문화가 사라져가는 안타까움과 무엇이 의(義)이고, 어떤 것이 선(善)인가를 전하고자 하는 작은 소망을 담고 있다.

현대사회는 다변화시대이다. 따라서 낙오하지 않으려면 시대의 흐름에 따르는 것이 오늘을 사는 지혜라 해도 과언이 아닐 것이다. 뿐만 아니라 현대사회는 빠름의 문화가 팽배하여 이에 적응하지 못하면 낙오하기 십상이다.

그렇더라도 우리의 유구한 역사의 전통과 혼은 지켜져야 한다. 바람은 늘 같은 방향으로 부는 것이 아니다. 동에서 서로, 서에서 동으로 또는 남에서 북으로, 북에서 남으로 분다. 따라서 키를 놓고 바람 따라 가는 배는 가다 오고, 서다 돌뿐 목적지에 갈 수 없음을 시를 통해 알리고 싶어 시집을 선보인다.

2012년 유월 초하루 날에
유심 김 양 호

▌글 순서

1부 산다는 것은

- 14 ‖ 산다는 것은
- 15 ‖ 황천사 가는 길
- 16 ‖ 낙엽이 전하는 말
- 17 ‖ 키 큰 덩굴장미
- 18 ‖ 눈 덮인 나목
- 19 ‖ 백설
- 20 ‖ 일체유심
- 21 ‖ 능소화
- 22 ‖ 고독
- 23 ‖ 운명
- 24 ‖ 명경지수
- 25 ‖ 사의 찬미
- 26 ‖ 소년에게
- 27 ‖ 세월
- 28 ‖ 초승달
- 29 ‖ 하늘 바다 태산보다 더 하리
- 30 ‖ 마음을 비우면
- 31 ‖ 푸른 솔의 지조
- 32 ‖ 공수래공수거
- 33 ‖ 상전벽해
- 34 ‖ 창밖을 보며
- 35 ‖ 낡은 자전거
- 36 ‖ 마음이 고와야지
- 37 ‖ 절규

38 ‖ 인생
39 ‖ 나그네길 인생길
40 ‖ 새벽 산책

2부 밤마다 부르는 사모곡

42 ‖ 내 어머니의 소망
43 ‖ 어머니의 탄가
44 ‖ 어머님 전 상서
45 ‖ 무학산 반월초옥
46 ‖ 어머니의 눈물
47 ‖ 잊을 수 없는 얼굴
48 ‖ 백련을 보면서
49 ‖ 어머니
50 ‖ 불효자의 눈물

3부 나의 길 나의 꿈

52 ‖ 나의 길 1
53 ‖ 나의 길 2
54 ‖ 나의 꿈 1
55 ‖ 나의 꿈 2
56 ‖ 대기만성의 꿈
57 ‖ 꿈을 찾아서

58 ‖ 내일을 향하여
59 ‖ 기도
60 ‖ 재야의 기도
61 ‖ 아버지의 기도
62 ‖ 구름이고 싶어라
63 ‖ 물이 되어 살리라
64 ‖ 산처럼 살고 싶다
65 ‖ 나의 집
66 ‖ 청빈낙도
67 ‖ 미련도 후회도 없다
68 ‖ 아내에게 1
69 ‖ 아내에게 2
70 ‖ 황혼

4부 천사섬 찬미

72 ‖ 천사섬 찬미
73 ‖ 내 고향 압해도
74 ‖ 압해대교
75 ‖ 압해도 예찬
76 ‖ 사월의 송공산
77 ‖ 천사섬 분재공원
78 ‖ 망향

79 ‖ 옛 도선장
80 ‖ 천사섬 예찬
81 ‖ 하트해변
82 ‖ 더 멀리 더 힘차게
84 ‖ 신안 천일염

5부 산과 강 그리고 세상

86 ‖ 도봉산은 몸으로 말한다
87 ‖ 관악산을 오르며
88 ‖ 2월의 태백산
89 ‖ 불암산 예찬
90 ‖ 보해매실농원
91 ‖ 오크밸리의 새벽
92 ‖ 공원의 애수
93 ‖ 올림픽공원
94 ‖ 고성통일전망대
95 ‖ 천상의 매스게임
96 ‖ 석모도 석양
97 ‖ 아카시아 꽃 필 때면
98 ‖ 탄천의 삼월
99 ‖ 청령포여 말해다오
100 ‖ 청남대
101 ‖ 낙가산 마애불

102 ‖ 요지경 세상 1
103 ‖ 요지경 세상 2
104 ‖ 요지경 세상 3
105 ‖ 시인에게
106 ‖ 모란장
107 ‖ 사라져 가는 미풍
108 ‖ 빈자의 설움
109 ‖ 설날 풍경
110 ‖ 속임수의 희비
111 ‖ 탈선
112 ‖ 두 얼굴

6부 한밤의 단상

114 ‖ 한밤의 단상
115 ‖ 매미의 외침
116 ‖ 등나무 꽃
117 ‖ 동행
118 ‖ 코스모스
119 ‖ 민들레 사랑
120 ‖ 구름 속의 달
121 ‖ 무궁화 예찬
122 ‖ 미련 1
123 ‖ 미련 2
124 ‖ 백팔염주

125 ‖ 춘삼월
126 ‖ 해바라기 꽃
127 ‖ 화무십일홍
128 ‖ 갈대
129 ‖ 낙조
130 ‖ 세밑 단상
131 ‖ 별천지 노래방
132 ‖ 소낙비
133 ‖ 현명한 선택
134 ‖ 각설이 타령
135 ‖ 호박꽃
136 ‖ 우중의 경춘가도
137 ‖ 부채춤
138 ‖ 용천의 소리
139 ‖ 무명초
140 ‖ 독도는 우리 땅
141 ‖ 6월의 애상

▌시인의 말 / 4
▌에필로그 / 142

제1부
산다는 것은

산다는 것은
멈춰 있는 것이 아니다
일방통행의 진행형이다
아무도 대신할 수 없는
자신만이 가야하는 고행(孤行)이다

산다는 것은

산다는 것은
기착지 표기 없는 지도를 들고
누에가 갉아 먹는 뽕잎처럼
순간의 생명을 지우며
낯선 길을 가야 하는 여행이다

산다는 것은
브레이크 없는 기차를 타고
산 넘고 강을 건너
생의 종착역을 향하여
쉼 없이 가야 하는 여정이다

산다는 것은
멈춰 있는 것이 아니다
일방통행의 진행형이다
아무도 대신할 수 없는
자신만이 가야 하는 고행(孤行)이다

황천사 가는 길

눈 덮인 길섶
미끄러워 힘들고 더디어도
귀 기울이고 걸어가면
맑디맑은 계곡물소리
순백의 속삭임을 들으련마는
탐욕을 좇아 서둘러 가는 무리
세간의 음설을 토하며
눈 녹아 질척한 포도(鋪道)를 걷는다

한공을 맴도는
산사의 독경소리
몸과 마음 깨끗이 하라는데
바짓부리의 흙더버기
심중에 남아있는 삼독(三毒)
삿된 줄 알면서도
앞서 가는 이 그랬노라고
씻으려 하지 않으니
일주문 들어설 때 어찌하려는가

낙엽이 전하는 말

온 몸이 찢긴 상처를 안고
포도(鋪道) 위에 나뒹구는 낙엽
가다 오고 모였다 흩어짐이
발길의 만행이요 바람의 횡포려니
어디로 가느냐고 묻지를 말라하네

한 여름 뙤약볕 승화시키어
양분을 만들어 낸 초록 잎
스스로 퇴화하여 떠난 뜻은
일부의 희생으로 전체를 구하려는
자기보존의 지혜라고 일러주네

바람이 밀고 소부(掃夫)에 쓸리어
길가 한 모퉁이에 쌓인 군상
눈 흘기며 외면하는 행인 향하여
네 신세 내 신세 매 한가지라며
바스락 바삭 외계어로 비아냥하네

키 큰 덩굴장미

비갠 날 이른 아침
함초롬히 단비 머금고
활짝 웃는 빨간 덩굴장미
기다리는 이 뉘 있어
우거진 녹엽사이로 고개 내미는가

저만큼 아래 또래들
옹기종기 모여
멧새 희롱에 웃음꽃 피우는데
어울림을 마다하고
태양이 기리워 고고(呱呱)히 서 있는가

사방을 휘두른 숲에 가리어
기다리는 임이 보일까마는
생(生)을 마치는 날
더 멀리 더 오래
곱게 너울거릴지니 외로워마라

눈 덮인 나목(裸木)

노랑 저고리
연분홍 치마
아름다운 자태 엊그제더니
어느새 소복한 나목 되었네

가는 허리 겨워
고개 숙였나
찬바람 지나며 벗겨주나니
시린 뼈 서러워 고인 눈물

어둠 걷힌 대지에
햇살 오르니
따스한 온정에 잊어 버렸나
맺힌 눈물 시름없이 흘러내리네

백설

천공(天工)이 만들어 놓은
천상의 육각 나그네
구름타고 떠돌다가
태양이 잠든 새에
하얀 속살 들어내고
나붓나붓 춤을 추며 내려온다

목마른 대지 위에
가칠한 초목 군상
백색 천 뒤집어쓰고
푸른 싹을 틔우려는데
바람에 찢기어 떨어지니
벌거벗은 실가지 애처롭다

햇살의 강샘 못 이겨
본래대로 돌아가는
풀이 죽은 나그네
가느다란 발걸음 소리만이
계곡 따라 울려 퍼지는데
무심한 산객 세월이 아쉽다 하네

일체유심

이른 아침 떨어진 낙엽
이슬 머금어 너더분한 공원벤치
걷는 이 눈 흘기며 외면하더니
해질 녘
낙엽 쓸고 걸터앉아
잎 새로 스미는 노을을 보며
피로를 잊은 채 낭만에 젖는다

오면가면 너남 없이
남녀노소 가리지 아니하고
쉬어가는 공원벤치
그는 정녕 늘 그대로이거니
싫고 좋은 것은
공원의 벤치가 아니요
찾는 이 스스로의 탓이려니
세상사 어찌 이뿐일까

능소화

그리움에 지쳐
야린 줄기
은행나무 친친 감고
구중심처 높은 담에 올라
토해낸 주홍빛 연정
곱기야 하다마는
촛불은 제 몸을 태워
어둠을 밝히는데
제 욕심 채우자고
이웃을 해하여
비명에 시들게 하는
이기심이 야속하구나

고독

회리바람에 얽히어
풀리지 않은 대추나무 연줄
실마리를 비추어 주는
창가에 머문 시린 달빛
그대는
세상살이 갈피를 잡지 못하고
서성이는 자에게 가고 설자리
인도해 주는 길잡이입니다

사랑이 가고 없는
멍든 가슴에 몰래 다가와서
연풍(戀風)을 일게 하는
산 그림자 드리운 호숫가
그대는
찻잔에 피어오르는 향기마냥
아슴푸레하게 시심을 일깨워
불을 지피는 시의 스승입니다

운명

한 치 앞을 볼 수없는
어두움 속에서
황량한 들판을 가는 나그네여
내딛는 발자국이
마르거나 수렁이어도
말없이 헤치고 가시오
가는 길이 애초에 그러거늘
원망해서 무엇 하리오

돌아설 수 없는 외길
비바람 속에서
가파른 벼랑 오르는 산객이여
산 너머 들판에는
향기 자욱한
꽃길이기를 바라지 말고
있는 그대로에 순응하시오
좌절과 설움은 기대를 저버린
그에게서 오는 것이라오

명경지수

깨끗하고 고스란한 거울은
그 속을 비우고 가린 것이 없다

미소를 머금고 보면
즐겁고 행복한 얼굴을 보여주고
못마땅해 찡그리면
험상궂은 마귀할멈이 되어
생긴 그대로 비춰주나니
그의 성정이 투명함 때문이다

맑고 미동하지 않는 물은
그 속에 모양을 정하지 않는다

파란 하늘아래서는
태양을 담고 흰 구름을 그리며
붉게 물든 단풍아래서는
울긋불긋 단장하여
보이는 그대로 비춰주나니
그의 성정이 청정함 때문이다

사의 찬미

소슬바람에 떨어져
길가에 나뒹굴다
만인에게 밟히고 찢기어
소부(掃夫)에게 쓸려가는 낙엽
제 몸 썩히어 양분이 되고
오는 봄에 새잎 나오게
일부 버려 전체를 구함이니
성스러운 희생을 찬양하리라

호수에 고인 물이
들어오고 나감이 없으면
끝내는 전부 썩게 되느니
흘러가는 것이 대자연의 섭리
못다 한 미련 있어도
나중에 오는 이를 위하여
자리 내어 주고 앞서 감이니
남아 있는 자 영혼을 기리리라

소년에게

산이 높으면 골짜기가 깊다
그래도 오르지 못할 산은 없다
바위틈 보드기에게 지혜를 배우고
가파른 비탈에서 지기(志氣)를 다지며
서두르지 말고 앞만 보고가라

높이 나는 새가 멀리 보듯
멧부리에 올라서면
바람은 더욱 시원하고 달콤하나
오르는 자는 내려오는 것이 순리
산정은 산행의 끝이 아니다
하산하는 또 다른 시작점이다

오르고 내린 길은 다를지언정
뜻은 같아야 하거니 자만하지 마라
칼바위 내리막에서 겸손을 배우고
산새들의 속삭임에 귀를 기우려라
마침내 설 곳은 산 아래이리니

세월

못다 한 사연 모르는 체
한 순간도 머물지 아니하고
속절없이 가는 불귀객
가슴 에는 회한이 없을까마는
잡으려한들 무슨 소용 있으리

장(場)거리에도 도린곁에도
속내 바꾸어 흔적을 남기며
예제없이 지나가는 불청객
아쉬운 미련이야 없을까마는
제 뜻 아니거니 야속타 않으리

단청문양 고운 방패연
민무늬 가오리연 가리지 않고
누구에게나 치우치지 않은 방관객
오르고 못 오르는 불평등이 없을까만
연줄 꼬드김에 달렸거늘 뉘 탓하리

초승달

초록 카펫 위에
노랑 빨강 색칠하며
가을을 그리던 화백
지친 몸 가누지 못하여
쉴 곳 찾아 서산을 넘는데
그의 열정이 두려워서
모습을 드러내지 못하고
남몰래 동행하던 눈썹달

창백한 얼굴로 나타나
홀연히 사라지며
시작은
끝이 있음을 전재로 출발하고
끝은
또 다른 시작이려니
무상한 애환에 메이지 말고
소망을 기다릴 줄 알라 하네

하늘 바다 태산보다 더 하리

자비로워 거리낌 없이
오고감을 허용하면서도
아무것도 가진 게 없는
가장 높고 맑은 하늘을 보라

낮은 곳에 머물러
지극한 너그러움으로
호오 가림 없이 품에 안은
가장 넓고 푸른 바다를 보라

기암절벽 수려하건마는
미물에게 쉴 자리 내어 주고
흔들림 없이 침묵에 잠긴
가장 장중(莊重)한 태산을 보라

사람들아
벼슬이 높다고 뽐내지 말고
가진 게 많다고 자랑하지 말며
잘 났다고 거들먹거리지 마라
아무렴
하늘 바다 태산보다 더 하리

마음을 비우면

주룩주룩 내린 빗방울
문명이 만들어 놓은
대기오염 삼키고 간 뒤
산정에 오르니
푸르디푸른 나뭇잎의 초록내음
코끝을 맴돌고
인간세상은 밟힐 듯 지호지간
하늘은 잡힐 듯 가까웁다

하나를 움켜쥐면
그만큼 무겁고
또 하나가 쌓이면
그만큼 보이지 않거늘
호오(好惡) 가림 없이
더 많이 가지려하지 말자
마음을 비우면
번뇌 망상이 없어지리니

푸른 솔의 지조

산골짜기마다 가득한
벌거벗은 갈나무 새에
경성드뭇이 자라
세속을 벗어난 듯
고즈넉이 서있는 소나무

갈잎 무성할 때 외면당해
서럽기도 했으련마는
고운자리 물려주고
산등성이 돌 틈에 선
백목지장의 고절한 성정

찬 서리 설한풍에
등 굽고 가지 휘어도
퇴색할 줄 모르는 지조
은회색 앙상한 가지 골에
초연히 홀로 푸르구나

공수래공수거

첫 발 내딤음은 멈춤을 향하고
마지막 내딛는 멈춤은
또 다른 시작의 예고려니
가고서는 것은 먼저와 나중일 뿐
시종이 마찬가진 걸 서둘러 무엇하리

빈손으로 왔다 빈손으로 가는 인생
가짐의 많고 적음은
잠간의 흐뭇함과 아쉬움이거늘
많이 가지려는 것은 덧없을 뿐
세상사 유한한데 탐심 내어 무엇하리

높이 나는 새는 멀리 볼 수 있으나
작은 것은 분별하기 어려워
먹이를 찾는데 어려움이 따르니
마냥 오르는 것은 우를 자초할 뿐
지혜로움은 선미를 따르는 갈매기일세

상전벽해

산자락 허물고 터를 닦아
잿빛 빚어 집을 지으니
산새 지저귀던 자리에는
꼬마아기 웃음소리 그치지 않는데
누가 말했는가
산은 산이요 물은 물이라고

파도가 너울거리는 바다
둑을 쌓고 찻길 만들어
창파 머물던 자리에는
문명의 이기 철마가 달리니
누가 말했는가
바다가 산이요 산이 바다라고

우렁찬 박수갈채
원망과 욕설로 바뀌고
나는 새도 떨어뜨리는 권력
부러진 창이 되니
누가 말했는가
음지가 양지되고 양지가 음지된다고

창밖을 보며

희뿌연 연기 내뿜으며
신작로를 질주하는 자동차
배기의 횡포에 흩날리는
마른 잎 아랑곳없다

뙤약볕에도 끄떡하지 않고
곤파스마저 비껴가는
질긴 생명 문명에 밀리어
길가에 멍하니 웅크리고 있다

초식동물 먹이가 되고
풀벌레의 보금자리 되어준
초록 생명 서리 내리는 날

새로 태어날 생명을 위하여
이불 되고 양분이 되는
촛불 삶을 모름일까
세찬 서풍에 멀어져 가는
동풍의 뒷모습이 처연하다

낡은 자전거

꽃비 내리는 봄
밤하늘의 별을 헤며
일곱 빛깔 꿈을 좇더니
땀에 찌들어 녹슨 사각페달

햇볕 따가운 여름
물비늘 눈웃음 짓는
강변 지나 고개를 넘더니
고리를 벗어나 늘어진 체인

황금빛 물든 가을
일백 킬로그램 무게 없고
돌길 지날 때도 끄떡없더니
세월에 찢기어 너붓거린 안장

찬바람 부는 겨울
그늘진 잿빛 벽에 기대어
봄여름 가을을 더듬으며
고물상을 기다리는 낡은 자전거

마음이 고와야지

요리솜씨 좋은 돌이 엄마
눈 거칠다 흘겨보는
눈치를 아는지 모르는지
방송국출연 자랑하며
거들먹거리다가
음식 맛 맵다고 얼굴 찌푸린다

허드렛일 하는 순이 엄마
굴뚝새 드나들 듯
잔심부름하느라고
행주치마에 갖가지 양념으로
연지곤지 찍어놓고
이마엔 땀방울이 송골송골하다

두 여인을 지켜보던
마을 어른 돌아서며
넌지시 전하는 말
능한 자의 거드름은
서툰 자의 겸손만 못하고
뛰어난 재주는 덕만 못하느니

절규

낙엽의 계절은 멀었는데
지난밤 비바람에 떨어져
눈길 가는 포도(鋪道)마다
너부러진 짙푸른 나뭇잎
신이여 보이시나요

시들어 퇴색한 나뭇잎
나뭇가지에 매달리어
맺혀있는 진한 빗방울을
아래로 흘러 보내는 소리
신이여 들으시나요

앞선 물보다 뒤따른 물이
뒤에 가는 건 흐름의 법칙이요
먼저 온 자보다 나중 온 자가
나중에 가는 건 하늘의 뜻
신이여 아니신가요

인생

인생은 어느 별에서
지구에 온 여행자이다
그는 포르투나°의 안내에 따를 뿐
언제까지 어디로 가는지 모른다

인생은 모노드라마이다
각본 없이 연기하는 생방송이다
단 한 번도 대본을 보지 못한 채
연출자의 지시에 따르는 것이다

인생은 직진이다
가고 못 오는 일방통행이다
어제도 그랬듯이 오늘도 내일도
미지의 신천지를 향해 가야 한다

인생의 끝은 종점이 아니다
다시 시작하는 시발점이다
죽은 나무 봄이 되면 소생하듯
지구여행이 끝나면
다른 별을 여행하는 것이다

※포르투나° : 운명의 여신

나그네길 인생길

나그네 길은
동서인 오고가는 쌍방통행이다
같은 속도가 아니어도 괜찮고
가다가 쉬기도 하고 돌아와도 된다
그 길에는
처음이건 기존이건
방향과 거리를 알리는 이정표가 있다
설사 없다 해도
앞선 이 자취 따라 짐작이 가능하다

인생길은
저만이 가야 하는 일방통행이다
늘 지정된 속도로 가야만 하고
쉬지도 못하고 돌아오지도 못한다
그 길은
처음 가는 길이어서
예측이 불가능한 미지의 세계다
성공도 실패도
자기만이 책임지는 외로운 길이다

새벽 산책

동녘 멀리서
차차로 어둠 걷히고
가로등 점멸하는 산책로

붉게 핀
덩굴장미 그윽한 향기
실핏줄 타고 스미는데

뒤엉킨 넝쿨
어둠 속 촐싹거리며
꽃향 훔친 멧새

애초에 주인 없거늘
뉘라서 못 가지랴마는
늙은 거미 밤새 지은 집
무너질까 두렵구나

제2부
밤마다 부르는 사모곡

오뉴월 한낮
뙤약볕에서 김매시고
살얼음
갯벌에서 해물 잡아
먹여주고 입혀주신 은혜
천년이 지나도 잊지 않으렵니다

내 어머니의 소망

숨골 조이는 지열을 안고
비탈 밭 김매시던 어머니
이마에 맺힌 땀방울 훔치며
이랑에 들어서는
자식에게 손사래 하신다

백지장도 맞들면 낫다
부지런은 반복이다
가꾼 만큼 거둔다는 지론
변함이 없으련마는
자식 사랑이 더 깊었음이리

자고새면 일을 하는
농촌생활 대물림하기 싫어
농사일 거드는 걸 마다하시고
가진 것 없는 자 아는 것이 힘이다며
공부하기를 채질하신다

어머니의 탄가

보릿고개 넘던 어느 날
맷돌 돌아가는 소리 맞추어
탄가(嘆歌)를 부르시던 어머니
가출한 이웃친구
서울에서 돈을 모아
부모님께 보내온 소문을 듣고
열다섯 어린 몸으로 고생이 오죽할까
맨손 놓고 한숨짓는다

말을 낳으면 제주도로 보내고
사람을 낳으면 서울로 보낸다는
속담 입버릇처럼 하시던 어머니
자식 손 움켜잡고
유행 따라 몰래 떠날까봐
불안해서 마음 조이면서도 태연한 체
땅이 없는 자 삽을 멀리 하고
책을 가까이 해야 한다 하신다

어머님 전 상서

오뉴월 한낮
뙤약볕에서 김매시고
살얼음
갯벌에서 해물 잡아
먹여주고 입혀주신 은혜
천년이 지나도 잊지 않으럽니다

동지섣달 이른 새벽
서슬바람 아랑곳하지 않고
뒤꼍 모퉁이에 정화수 떠놓은 채
천지신명에게 비시던
자식 위한 기도문
억겁이 지나도 기억하겠습니다

세상고초 다 삼킨 얼굴
저승사자 몰라보고
비명에 가신 어머니
한나절 거리 구천동에 계시건만
더디 찾는 불효
살아생전 눈물로 용서를 빕니다

무학산 반월초옥

춤추는 학의 지세(地勢)
석물은 금물이라는 풍수설 따라
문패도 없는 뜰 안에
잡초만 무성한 무학산 반월초옥

실빛마저 차단된 암실에는
윤회 길에 들어선 임이 계시건만
천리 길을 달려가 불러도
지척이 구천(九泉) 리 대답이 없네

무심한 석양이야 그 정 몰라
산 그림자 드리워 어둑한 산골
멧새 촐싹이며 길을 재촉하건마는
만근 추에 걸린 발길 떨어지지 않네

어머니의 눈물

태극마크 선명한 머리띠
이마에 두르고
마을 사람들의 환송을 받으며
포성을 향해 가는 그늘진 얼굴
나는 보았습니다

산모퉁이 돌아설 때까지
비통한 눈망울로 바라보던 여장승
입술을 깨물며 흘린 뜨거운 눈물
나는 기억하고 있습니다

화약연기 자욱한 전장에서
흘린 피 덩굴장미 되어
6월의 담장을 물들인 붉은 넋
나는 잊지 않을 것입니다

수백만 목숨을 앗아가고
천만 이산가족을 낳은
동족상잔의 쓰라린 아픔이
다시는 이 땅에 일어나지 않기를
나는 기도하고 있습니다

잊을 수 없는 얼굴

천년을 변치 말자고
백사장 거닐며 새겨놓은 사랑
파도가 지나간 뒤에는
흔적 없이 변해버리는 세상

영원히 잊지 않을 거라고
뇌리에 그려놓은 달콤한 추억
세월이 흘러간 뒤에는
꿈인 양 잊어버리는 인심

그래도 단 하나
억겁이 지나도 못 잊을 건
가슴에 새겨놓고 지울 수 없어
밤마다 그리는 어머니 얼굴

백련을 보면서

흙탕물속에 자라도
더러움에 물들지 않고
너더분한 부유물을 감싸
연못을 푸르게 한 널따란 잎
세정(世情)에 물들지 말고
약하고 가난한 자를 위하여
선을 좇아 의롭게 살라 하신
어머니의 가르침 같구나

오롯이 고개를 들어
영롱한 아침이슬 머금고
다소곳이 합장한 꽃망울
동지섣달 이른 새벽
뒤꼍 모퉁이에 정화수 떠놓고
북두칠성 바라보며
두 손 비비며 기도하시던
어머니의 고운 손 같구나

어머니

항하사보다
더 많은 날을 가도
끝내 다가설 수 없는
먼 곳에 계신 당신은
실핏줄을 타고
심전(心田)에 스며들어
터줏대감이 되어버린
하얀 카네이션입니다

모진 세파에
지치고 외로울 때
안공(眼孔)에 있는 듯
또렷이 다가온 당신은
천길 벼랑
안개 속을 헤치고
나아갈 길을 일러주는
휘영청 둥근 달입니다

불효자의 눈물

질척한 개펄 살얼음 속 해물 잡아
새벽안개 헤치며 삼십 리 걸으시고
지친 몸 끌어안고 땀내음 향수 삼아
부잣집 품팔이를 몇 년이나 하였던가

먹이고 입히자고 한평생 흘린 눈물
곱디고운 얼굴 위에 골 깊은 주름 되고
호강 한 번 못하시고 저승 가신 어머니
구천에 계시건만 몇 번이나 찾았던가

어이 할거나, 어머니의 크신 사랑
억만 겁 지난다한들 그 은혜 갚으리오
가슴에 파고드는 사무치는 통한
얼마나 많은 눈물을 흘러야할까

제3부
나의 길 나의 꿈

가는 길 멀고 험해도
지칠 줄 모르고
가다 서며 굽이돌아
쉼 없이 흐르는 강물이고 싶다

나의 길 1

허리띠 졸라매어
보릿고개 넘어오고
서릿발에 웅크리며
살얼음 내를 건너
황량한 들판 걸어온 칠십 년

태양을 뒤로하고
달그림자 벗을 삼아
의를 좇아 고뇌하며
선을 향해 다졌다만
다하지 못하고 얻은 것 없다

보고 듣고 느낀 세상
애타게 토해 낸들
무슨 소용 있으랴만
땅을 밟고 붓을 들어
짙푸른 은행나무 그리리라

나의 길 2

꽃길 따라 동산을 거닐 때는
그윽한 향에 취하기도 하고
천길 벼랑 지날 때는
마음 졸여 움찔거리기도 했다마는
돌아보면 남가일몽 미련은 없다

이른 아침 산길을 오를 때는
발걸음 가벼워 휘파람 불었건만
해질녘 등성이에 올라 보니
안개 낀 산정은 까마득해도
가야할 길이기에 후회는 없다

산중 할머니 이르기를
마부작침(磨斧作針)이라 하였거늘
운명의 여신이 손사래해도
나는 가리다 끝내 가리다
마지막 잎새 떨어지는 날까지

나의 꿈 1

풍랑을 동력으로 하고
파고를 리듬으로 승화하여
조금은 멀리 돌아가더라도
안전한 항해를 제일로 하고
편안과 즐거움을 제이로 할 뿐
지식과 경험을 뽐내지 않은
겸양의 미를 좇는 선장이고 싶다

전쟁을 두려워하지 아니하되
무작정 전진을 고집하지 않고
더러는 치욕을 당하더라도
전황에 따라서 물러설 줄 알며
나라와 장병의 안전을 위할 뿐
승패와 영욕(榮辱)에 메이지 않은
지혜와 덕을 갖춘 장수이고 싶다

자연계의 법칙은
먹히면 약자고 먹으면 강자지만
인간세상에서는
가진 자와 못가진 자 구분 없이
악한 자가 약자이고
의롭고 선한 자가 강자라고
가르치는 어진 스승이고 싶다

나의 꿈 2

선잠에서 태어나
뜨거운 바람으로 자라고
불가능을 가능하게 하며
시공을 넘나든 서정의 화신

삼백 예순다섯 날
심전에 머문 열기 때문에
때론 접고 편히 살자 해도
피우지 못한 꽃망울 어쩌랴

멈추면 늘 그 자리
질척한 들길이어도 좋고
가파른 산길이어도 괜찮다
정점을 향하여 쉼 없이 가리

성패(成敗)에 아랑곳없이
부정한 양지를 마다하고
의로운 그늘을 택하여
부끄럼 없는 고운 꿈 이루리

대기만성의 꿈

좁쌀이 만개여도
호박 한 덩이 무게만 못하거니
양보다 질을 택하고
수백 개의 조약돌이
금 한량 값보다 덜하거늘
흔함을 버리고 귀함을 취하여
물안개 자욱한 호숫가 모퉁이
볼록반사경이 되고 싶다

덩굴장미 즐비한 꽃길
말을 타고 달리노라면
더 빠르게 더 많은 꽃을 볼지언정
들여다보고 만져봄만 할까
더디더라도 걸어가면서
시들은 꽃잎의 사연을 물어보고
꿀 따는 벌 나비의 나래소리 들으며
바람이 가는 곳을 묻고 싶다

꿈을 찾아서

물살 가르며 질주하는
모터보트의 고함소리
들리는지 마는지
호수에 잠긴 별을 따며
세월을 망각한 채 유유자적
유영하는 한 무리 물오리
밀려오는 파장 따라 그네를 타며
놀라 숨어버린 별을 찾는다

아슴푸레한 지난 시절
낡은 테이프 더듬으며
미련인지 아쉬움인지
잔연(殘煙)의 춤사위를 바라보는 시객
호젓한 카페의 창가에 앉아
산 그림자 호수에 드리워도
가물거리는 물비늘을 헤아리며
떠날 줄 모르고 꿈을 찾는다.

내일을 향하여

서산마루 머문 해는
어둠을 재촉하는데
고개 너머 임 찾아 가는
발길 더디어 아득하다

초행길 속내 모르니
서둘러 가야 했건마는
부질없는 시류에 물들어
덧없이 보낸 세월 얼마인가

꽃이 피면 지는 이치
일찍이 알았으면서도
늦장으로 잃어버린 호기
아쉬워한들 무슨 소용일까

세상사 인연이거늘
늦다고 주저하지 말고
지쳐 쓰러지는 날까지
애면글면 임에게로 가리라

기도

가는 길 멀고 험해도
지칠 줄 모르고
가다 서며 굽이돌아
쉼 없이 흐르는 강물이고 싶다

돌덩이 가로막으면
말없이 휘감아 돌며
머문 자리 가리지 않고
높낮이 마다하는 강물이고 싶다

동질만을 고집하랴
만인(蠻人)에게 채이고
지상에서 버림받은 이물
꺼림 없이 안은 강물이고 싶다

거친 바람에 밀리어
동서로 가는 듯해도
기어이 굴하지 아니하고
낮은 곳으로 가는 강물이고 싶다

제야의 기도

저문 해를 보내는
서른 세 번의 장음이여
첩첩히 쌓인 뇌리의 번뇌
백옥같이 씻어내고
심중에 남아 있는 오진(汚塵)
남김없이 훌훌 털어
명경지수 되게 하여다오

새로운 해를 맞이하는
서른 세 번의 장음이여
암운타고 몰래 오는 불청객
장막 되어 막아주고
훈풍 타고 오는 백년하객
놓침 없이 들게 하여
웃음 잔치되게 하여다오

밤하늘에 울려 퍼지는
서른 세 번의 장음이여
가는 해의 소부(掃夫) 되어
모진 세파 쓸어가고
오는 해의 파수꾼 되어
비운은 쫓고 행운을 맞아
황금 꽃 피우게 하여다오

아버지의 기도

항하사보다 더 많은
팔천 겁 인연으로
하나 된 선남선녀여!

무엇이든 얻는다는 것은
본디 주인이 있음이요
참으로 내 것인 것은
스스로 짓는 것일지니
작은 복이라도
혼연일체 하여 지어야 한다

모든 것은
모양이 있건 없건
늘 그대로가 아니거늘
햇볕 드는 날이거나
눈서리 내리는 때에도
늘 같이 맞이해야 할 것이며

마침표 없는 사랑으로
무지갯빛 보금자리에
고운 꽃을 가꾸어
벌 나비 즐겨 춤을 추고
청아한 새소리
날마다 그치지 아니하기를

구름이고 싶어라

심연에 얼키설킨
해묵은 인연 훌훌 털고
저 높은 창공을
한가로이 두둥실 떠있고 싶다

탐욕을 멀리하고
사랑도 미움도 모두 버린
새털 같은 마음으로
바람이 부는 대로 떠돌고 싶다

태양이 노할 때는
저만치 비껴서고
외롭고 쓸쓸할 때면
달님 벗하여 미련 없이 가고 싶다

물이 되어 살리라

세상사 어제 오늘 다르거늘
홀로 그대로이기를 바랄까
둥글면 둥근 대로
네모지면 네모진 대로 살리라

높은 곳을 피하여
낮은 곳에 머물면서
마시고 쓰기에 편하게 하고
더 많은 것과 가까이 살리라

바윗돌을 만나거든
말없이 돌아서 가고
태산이 가로막으면
못이 되어 기다리며 살리라

천히 여겨 물 쓰듯 한다 해도
목마른 이의 목을 적셔 주고
땀 흘리는 이 시원하게 하며
화마의 불침번이 되어 살리라

산처럼 살고 싶다

억겁을 그 자리에 오롯이 서서
네 벌 옷으로 족함을 알고
숱한 발길에 밟히어도
말없이 감내하며
찢긴 살갗 빗물에 흘러 보내 듯
속정(俗情) 벗어 훨훨 날려버리고
의연한 마음으로 살고 싶다

위로 오르기보다 아래로 뻗은
하심(下心)의 덕목으로
자연의 보고요 생물의 요람이 되고
심근에 만근 추달아
바람 부는 날에도 흔들림 없이
산자와 망자(亡者)의 쉼터가 되는
너그러운 마음으로 살고 싶다

나의 집

들장미 피어 있는
들길 끝자락에 하얀 집을 짓고
떡갈나무 판 곱게 다듬어
공기성만(空器成滿)° 문패를 달고
해질녘 서둘러가는
나그네 불러 쉬어가게 하고 싶다

대나무로 울타리 하여
금어초 향 들지 못하게 하고
창문을 마주한 울밑에
당아욱 심어 벌 나비와 어울리며
뜰 가운데 벽오동 아래서
이백과 마주하여 술 마시고 싶다

휘영청 밝은 삼경
석죽 화분 놓인 책상에 앉아
유유히 떠가는 뭉게구름 불러
어디로 가느냐고 길을 물으며
이른 아침 따다 달인
백련 차의 그윽한 향에 젖고 싶다

※ 공기성만(空器成滿)° : 불가에서 말하는 無解**空器** 大道**成滿**(알음알이 없는 빈 그릇이 큰 道를 이루리라)는 뜻.

청빈낙도

허공에 떠 있는 물방울
작으면 새털구름
크면 비구름이 되나
없으면 벽천(碧天)이니
하늘은 비울수록 아름답구나

많을수록 좋다지만
나눔에 다툼이 있고
만금 원하면 천금이 부족하고
백금 원하면 천금도 넘치니
많고 적음이 마음먹기 달렸구나

애초에 빈손이었거늘
가진 게 없다고 서러워하랴
욕심을 멀리 하면
족함이 가까이에 있나니
하루 세끼로 부족함이 없구나

미련도 후회도 없다

소슬바람에 나부끼며
골목길에 떨어진 은행잎
지난여름 태풍도 비껴갔거늘
나뒹군들 서럽다 하리

나그네 발길 재촉하다
수평선 너머로 가버린 태양
미치지 못한 바람 남았다마는
순리에 따름이니 야속타 할까

행인의 발길에 차이어
수챗구멍에 떨어진 돌멩이
돌탑 새 메우는데 쓰이거니
남산골샌님인들 제 몫 없으랴

청빈을 가까이하여
오욕칠정 동풍에 실어 보내고
참물에 잠기고 간물에 나는
갯가 너럭바위 되어 살고지고

아내에게 1

시작도 끝도 없는
영겁의 세월에 비하면
당신과의 만남은
너무나 짧은 순간입니다

놀부의 욕심보다 더한
이기심 때문에
무한한 인내와 굴종을 바라며
얼마나 많은 아픔을 주었던가

가느다란 미소에도
가슴 뛰는 기쁨에 취하고
억지 눈 흘김으로
얼마나 많은 슬픔을 주었던가

변치 말자던 약속
당신뿐이라던 그 맹세로
고난을 딛고 머물러 준 그대
숨 쉬는 날까지 사랑하리다

아내에게 2

넓디넓은 천지간
하도 많은 사람 중에
팔천 겁 인연으로 하나 되어
반백년을 살았거늘
뇌성벽력을 무서워하리오

지난 봄 씨를 뿌려
땀 흘러서 가꾼 열매
가을걷이 마쳤으니
천리를 멀다하리
설한풍을 두려워하리오

시작은 과정을 낳고
과정이 자라 결과를 이루나니
아침햇살 눈부시어도
중천의 둥근달 곱다 해도
수평선에 수놓은 노을만 하리오
시름을 잊고 알콩달콩 삽시다

황혼

해질녘
외진 언덕에 서서
하염없이 돌아가는
바람개비 신음 애처롭다

머언 옛날
색종이 고이 접어 만든 때는
곱기도 했으련만
구겨지고 빛바랜 날개
떨어진 목련 꽃잎 되었네

어쩌다
바람 자면
무지갯빛 꿈을 좇아
지평선을 바라보는 낡은 바람개비

어둠이 오면
엄마별이 들려주던 자장가 그리워
네 귀 쫑긋 기울건만
들리는 건 무심한 외기러기 울음

그래도
해 뜨는 아침을 기다리며 돌아간다

제4부
천사섬 찬미

춘양(春陽)을 보듬은
짭조름한 바닷바람
코끝을 간질이는 산길 따라
등성마루에 서면
천사섬 이마를 맞대고
곱게 수놓은 바다가 반긴다

천사섬 찬미

한반도 서남단 해상
점점이 떠있는 섬 섬°
하도 많아 이름인들 알까마는
새천년 꿈을 안고 하나 된 천사섬

눈비풍상에도 굴하지 않는
해송의 늘 푸른 기상으로
고난을 딛고 일어나
희망의 터를 일군 신(新) 멜버른°

때리고 간질이는 파도
얼싸안아 달랜 하얀 모래밭
해당화 곱게 피우고 향기 뿜어
벌 나비 즐겨 찾아올 엘도라도

오가는 손 반기며
파란 화선지에 포물선을 그리는
갈매기 나래 깃에 어린 낭만
수평선 넘나드는 살맛나는 고장

※천사섬 : 전남 신안군은 1004개 섬으로 되어 있어 천사섬이라 함.
※소나무 / 신안군 木, 해당화 / 신안군 花, 갈매기 / 신안군 鳥
※멜버른° : 2011년 세계에서 가장 살기 좋은 도시 1위로 선정

내 고향 압해도

천사섬의 등대
유달산 일등바위에 올라
발을 디디면 밟힐 듯
손을 뻗으면 잡힐 듯한 섬
지형이 바다를 누르는 것과 같아
불리는 내 고향 압해도

오백 사 십리 해안선을 따라
질척한 갯벌 너른 터는
서렁게° 농게 놀이터요
세발낙지 짱뚱어 해초들의 요람
마지막 남은 생태계의 보고려니
풍요로운 내 고향 압해도

수줍은 섬 총각
섬 아가씨 굴을 따며
그려놓은 석화 수(繡) 옆에 앉아
하모니카 부르던 애틋한 연가
빛바랜 추억이 서려있는
그리운 내 고향 압해도

※서렁게° : 칠게의 지방어

압해대교

일천 일백오십 성상
달맞이 꽃 가슴에 안고
가난과 불편을 감내하며
풍랑을 견디어 온 압해도

차창너머로
내려다보이는 푸른 바다
열린 창문으로 스미는
짭조름한 갯바람 향기롭다

기쁨과 슬픔
눈물과 웃음이 얽힌 추억
세월의 저편에 묻어야 할
아쉬움도 있다마는

뭍과 이은 네가 있어
고향 떠난 외로운 섬새들
천리인들 주저할까
찾을 길 자주려니 고맙구나

압해도 예찬

꿈에 그린 뭍과 이어
낙도 설움 훌훌 벗고
서남해상 섬들의 고향
신안의 관문이 된 압해도

너울거리는 파도소리에
태고의 잠에서 깨어나
새 천년을 향하여
힘차게 도약하는 압해도

포물선을 그리던 섬새
어둠 따라 가고 없는
오천만평 해원의 아기별들
물비늘타고 노는 압해도

사월의 송공산

산들바람에 몽긋거리며
흐드러지게 핀 개나리 벚꽃
귀촉(歸蜀)의 한을 달래려고
붉은 가슴 들어낸 진달래
함께 어울리어
산자락 자욱이 꽃향기 풍긴다

춘양(春陽)을 보듬은
짭조름한 바닷바람
코끝을 간질이는 산길 따라
등성마루에 서면
천사섬 이마를 맞대고
곱게 수놓은 바다가 반긴다

긴 세월 어둠에 묻히어
제 모습을 잃어버린 송공산
새천년의 나래를 펴고
꽃을 사랑하는 이
산을 좋아하는 이
바다가 그리운 이 오라하네

천사섬 분재공원

천 년 전 수달의 얼을 이어
　새천년 서남해상을 여는 섬 섬
사계절 푸른 오천만평 해원(海園)
　하얀 파도 일렁이고
섬새들 하늘 가르며 포물선을 그리며
　너울너울 춤을 춘다

분홍빛 자욱한 송공산자락에
　아늑히 들어 선 분재공원
재인의 영혼이 담긴 기목비각(奇木秘刻)
　꽃 향과 어울리고
공공을 위해 기꺼이 내어준 갸륵함이
　사바의 찌든 인심 씻어 일깨우니
원근이 무슨 소용, 까막까치 가릴까
　동서양 발길 끊이지 않으리

망향

잿빛 빌딩숲에 노을이 질 때면
햇볕 쬐는 길모퉁이에서
해지는 줄 모르고 구슬치기 하다
어머니 부름에 두 손 비벼 먼지 털던
소꿉동무 무얼 하나 소식을 기다리고
옛 노래 흐르는 어둑한 주점에서
정든 땅 수장하고 떠나 온 술벗
애틋한 푸념을 들을 때는
뱃전에 서서 석별의 눈물을 삼키며
무지갯빛 꿈을 그리던
사라진 도선(渡船)이 술잔 속에 아롱댄다

남천(南天)에 둥근달 떠 있을 때면
파도가 부서지는 둑길을 거닐며
하모니카 소리로 외로움 달래고
반짝이는 별들에게 사랑을 전하던
빛바랜 추억에 연보라 색칠을 하며
뇌리에 감긴 묵은 흔적
앞 다투어 고개를 내밀 때는
모천(母川)을 떠나 태평양을 넘나들다
회귀를 소망하는 연어 되어
문명에 밀리어 포장된 고향 길
시공을 벗어나 달려가고 달려온다

옛 도선장

문명의 회오리에 쫓기어
세월의 뒤안길에 묻힌 도선장
오는 사람 가는 사람
북적거리던 자리에 잡초만 무성하고
비린내 물씬한 주막에 앉아
이웃사촌 낯선 얼굴
시름 기쁨 나누며 술잔 비우던
짭조름한 추억만 남아 잠겨있다

허물어져 너더분한
선착장 돌 틈에 웃자란 해초
물결 따라 너울거리며
버림받은 폐선(廢船) 갯가에 누운 채
거센 파도에 온 몸 맡겨 나뒹굴고
햇볕에 그을린 불그레한 닻
칠게 농게 사랑놀이 지켜보며
빛바랜 옛 영화를 추억하고 있다

천사섬 예찬

하얀 파도 일렁이는
넓 푸른 바다위에
점점이 떠있는 크고 작은 섬

긴 세월
서로 다른 이름 지녀
고난과 불편의 대명사였건마는
희세의 아이디어로
하나 되어 새롭게 태어난 천사섬

버려둔 자연 생태
웰빙 바람으로 색동옷 갈아 입혀
바다제비 즐겨 찾고
감미로운 낭만이 너울거리는 섬

골골마다
특산물 명품화로 열린 흥부박
철따라 톱질소리 왜자하여
뱃길 찻길 끊이지 않으니
변방에서 중심에 선 희망의 섬

하트해변

흩뿌려진 섬 새 따라
목포에서 쾌속선으로
오십분 남짓 거리
비금도의 신비로운 해변
따가운 햇살 머금어
해무로 승화시키고
희부연 하늘과 어우러져
가슴 메는 서정이 파도를 탄다

칠발도에 노을 지면
분홍빛 물결이 일렁이는
아늑한 하누님해수욕장°
갈매기 둥지 찾아 떠나고
별빛 흐르는 해송 숲 사이에
지난날
수호와 은영°이 그랬듯이
향긋한 순애(純愛)의 밀어가 움튼다

※하누님해수욕장(하트해수욕장) : 드라마 '봄의 왈츠' 촬영지
※수호(재하)와 은영 : KBS2 TV 드라마 '봄의 왈츠' 주인공의 이름

더 멀리 더 힘차게
-신안신문에 부쳐

남북으로 일백 오십 리
동서로는 이백 리 너른 바다
파도를 타고 천사 섬을 돌아
민초의 서러움과 정겨움을
보고들은 그대로 숨김없이
비추어 주는 신안의 거울

바람 따라 허공을 떠돌며
선량한 귀를 어지럽히는
소문을 다듬고 정제하여
한 치의 치우침도 없이
옳고 그름을 가리어주는
정도를 지향한 신안의 목탁

그늘 진 곳을 찾아서
소외된 이의 이웃이 되고
억울한 이의 귀가되어
얽힌 곳을 풀어 달래며
비리를 쫓고 부정을 감시하는
불의에 맞선 신안의 파수

정론직필을 제일의 가치로
보편타당을 추구하며
사회정의를 구현하기 위하여
바다를 뛰어 넘어 더 멀리
목포 무안 영암으로
힘차게 뻗어가는 종합미디어

장하다 신안신문이여

신안 천일염

늘비한 미네랄 밭
곱게 다듬어 만든 사각 틀
가슴에 안은 청정 바닷물
햇볕 정기로 기화하여
산고 끝에 낳은 옥동자

이천 팔년 삼월 이십팔일
감춰진 신비 드러내어
웰빙 바람으로 새로 태어나
생명의 복음을 전하자고
세계로 향한 전도자

부패를 방지하고
변함없는 지조 찾는 이 많아
시아바다는 쉼 없이 너울거리고
천사섬은 외롭지 않으리니
그대는 정녕
인류의 건강을 지키는 수호자

제5부
산과 강 그리고 세월

가슴속 깊이
묻어둔 그리움
철썩이는 파도소리에 깨어나
소슬바람 풀무질에
곰실곰실 꿈틀거린다

도봉산은 몸으로 말한다

주봉 돌 틈에 선 소나무
푸른 옷 한 벌로 허공에 기대여
산객의 눈길 멈추게 하고
가는 길 험해도 끝내 가라 한다

와이(Y)계곡 아찔한 벼랑길
개먹은 밧줄 바윗돌 있으려니
헛된 객기 허영심을 멀리 하여
잡고 디딤을 함부로 말라 한다

자운봉 멧부리 기암괴석
맨몸으로 받은 비바람 눈보라
억년이 넘었어도 정좌(靜坐)하고
거친 세파에 흔들리지 말라 한다

천축사 입구의 불보살 입상
등에 맨 짐 벗어 놓고
심중에 고인 탐진치 훌훌 털어
맑은 마음으로 가벼이 가라 한다

관악산을 오르며

해묵은 바위틈에
바람이 놓고 간 솔 씨
눈비풍상 먹고 자라
어엿이 서있는 석자 남짓 보드기

헐떡이며 오르는
산객에게 전하는 말
고난의 열매는 달콤하리니
발밑만 보고 가라 하네

성긴 솔잎 사이로
보이는 우면산 골짜기
지난여름 씻기어 간
무성한 솔밭의 가슴 아린 흔적

나고 죽는 것이 제 뜻일까만
가지 많은 나무
바람 잘 날 없다 하거늘
탐심(貪心)을 버리고 살라 하네

2월의 태백산

뽀드득 뽀드득
하얀 육각결정의 마찰음
가쁜 숨소리와 아우러져
살을 에는 바람 따라
태백준령 한공을 맴돈다

앙상한 가지 마디마다
싸락눈 불러 모은 철쭉
길게 이어진 산맥을 타고
마파람 불어오는 늦은 봄
곱게 피울 꽃눈 품고 떨고 있네

바스락 바스락
삭풍이 두려워 엎드린 산죽
눈 이불 뒤집어쓴 채
성긴 얼음 발 사이로
햇살 머금은 댓잎 나부낀다

세월에 패인 상처
시멘트로 봉합한 주목
살아 천년 죽어서 천년
오가는 이가 들려주는 이야기
사는 게 그런 거라고 전해주네

불암산 예찬

민머리 네 벌 옷으로
억 년 세월
눈비풍상에도 끄떡없이
옛 그대로 서서
호오(好惡) 귀천 가림 없이
오는 이 반기고
온갖 생물에게 보금자리 내어준
그대는 노원의 자랑

맑은 물 쉼 없이 흘러
발길 끊기지 않은
당현천을 낳고
허리 베어 만든 둘레길
푸르디푸른 기운 감돌아
사람과 자연이 함께 숨 쉬게 하는
살기 좋은 녹색도시 예이려니
그대는 노원의 은인

보해매실농원

삼동에도 굴하지 않은 기개로
선비의 곁을 떠날 줄 모르는 너

수심(樹心)에 담긴 정한 사무쳐
꽃샘추위 아랑곳없이
남도 땅끝마을 십사만 평 너른 들에
줄지어 선 일만 사천그루
가지마다 송이송이 꽃 피우고
짙은 향 바람결에 뿜는구나

아침저녁 사랑을 팔고 사는
바람에 흔들리는 춘정의 발자국

애틋한 옛 이야기
아는지 모르는지
셔터를 누르는 소리 요란한데
행여 물들세라
저만치서 숨어 우는
휘파람새의 사랑노래 애처롭다

오크밸리의 새벽

달빛마저 싱그러운
참나무 울창한 골짜기
고요를 헤치고 바장이며
슬피 우는 검은등뻐꾸기
남의 둥지에 두고 간
어린자식 그리는 탄식인가

먼 옛날
게으름으로 해탈하지 못하고
세상 떠난 스님이 환생하여
욕심도 성냄도 어리석음도
홀딱 벗고 홀딱 벗고
정진하라는 가르침인가

창가에 앉아
객수에 젖은 노객
그의 뜻 헤아리지 못하고
이루지 못한 등정의 꿈
애타도록 타울거리건마는
갈길 멀어 애달프구나

※오크밸리 : 강원도 원주시 소재 콘도명

공원의 애수

차가운 겨울바람에 나뒹굴다
햇볕 드는 담장아래
너더분히 모여
낡은 스크린의 자막처럼
흐릿한 지난날의
싱그러움을 추억하는 낙엽

어림할 수 없는 날에
굶주린 야수처럼
세찬바람 다가오면
산산이 흩어져
다시 못 볼 이별이 서러워
가늘게 떨고 있는 마른 잎

푸른 꿈 이루지 못해
멈칫멈칫 고개 저으며
들릴 듯 말듯
다문 입가에 맴도는 절규
죽어도 죽지 않은
책갈피 속 은행잎을 꿈꾼다

올림픽공원

가쁜 숨 몰아쉬며
팔을 높이 흔들고 가는 사람
혼자말로 중얼거리며
가다서다 하는 양반의 후손
올림픽공원에는
빠름과 느림이 공존한다

자귀나무 그늘 아래
팔 베고 누워 속삭이는 연인
고갯마루 벤치에 앉아
하늘 저편 바라보는 여인
올림픽공원에는
사랑과 외로움이 흐른다

고개 들고 나래짓하며
꿩 꿩 구애하는 장끼
푸른 잔디밭 돗자리 깔고
어른아이 함께 한가족 놀이
올림픽공원에는
낭만과 평화를 수놓는다

고성통일전망대

너울너울 골골에
그윽이 덮인 안개
금수강산 뒤흔들던
파열음의 흔적인가

동해의 푸른 물은
제 맘대로 넘나드는데
남과 북 가로막은
철길은 막혀있구나

휴전선 녹슨 철책
넘나드는 저 구름아
남녘에서 들은 얘기
북녘에 전해다오

오천년 단일민족
상하체가 한 몸인 걸
허리띠로 구분한들
너와 나 다를손가

천상의 매스게임

노을 진 천수만에
도비산 그림자가 드리울 적
떼 지어 모래섬 만들어 놓고
한가로이 졸던 가창오리
작은 무리 먼저 일어나
파랑(波浪)을 일며 비상하더니
그들만이 알 수 있는 밀어로
만찬에 앞선 군무 기이하다

보기에는 난잡하고
지도자 없는 오합지졸이런마는
돌개바람을 일으키며
허공에 펼쳐놓은 행위미술
언뜻 보면 거대한 해파리
다시 보면 수면위의 토네이도
촌철의 틈도 없이 정연하며
신기한 연출 탄하지 않으리

석모도 석양

대지를 달군 태양
서해 고도에 머물러
핑크빛 고운 옷으로 갈아입고
길손 발길 재촉한다

푸른 바다위에
반짝이는 눈짓
잘 가라는 인사인가
헤어지기 아쉬워 붙잡음인가
돌아서는 발길 무겁다

허공을 가르며
유희하던 갈매기 무리
어디론가 가고 없고
어둠이 드리운 바닷가

가슴속 깊이
묻어둔 그리움
철썩이는 파도소리에 깨어나
소슬바람 풀무질에
곰실곰실 꿈틀 거린다

아카시아 꽃 필 때면

아카시아 꽃 필 때면
못다 한 사연 남아 있어
때까치 슬피 우는 언덕에 앉아
먼 옛날의 푸른 꿈을 더듬는다

아카시아 꽃 필 때면
허기진 추억의 하얀 그리움이
흩날리는 꽃가루처럼
나불거리며 가슴에 스며든다

아카시아 꽃 필 때면
꽃잎 입에 넣고 속삭이던
향기로운 밀어가
뇌리에 묻어 둔 추억에 젖어든다

아카시아 꽃 필 때면
마음은 한사코
잊어버린 지난날을 뒤돌아보고
발길은 하얀 꽃길을 가자 한다

탄천의 삼월

세상에서 버림받고
한강을 거쳐 서해로 가는
문명의 찌꺼기 무덤 탄천에
파릇한 봄빛이 꿈틀 거린다

생명을 다하여
덕지덕지 먼지 낀 사초(死草) 아래
겨울잠에서 깨어난 개구리
잎샘에 놀라 눈 부릅뜨고

나물 캐는 여인이
헤쳐 놓은 틈새로
스며든 해님의 온정에 싹튼
연둣빛 새 생명 기지개를 켠다

탄천의 삼월은
누르죽죽한 헌옷 벗고
푸름을 맞을 채비가 한참인데
퀴퀴한 냄새는 언제 가실까

청령포여 말해다오

용포 빼앗기고
동서 삼백 척
남북 사백구십 척
육지고도에 갇히어
비운에 간 어린 임금
너는 알겠지

칠백 리 한양에
두고 온 임 그리며
휘돌아 흐르는 서강
청령포 층암절벽 위에
눈물로 쌓은 망향탑
너는 보았지

햇볕을 거부한
천년의 숲
육백년 관음송에 앉아
나락의 고적을 달래던
자규의 애처로운 절규
너는 들었지

청남대

뜬봉샘에서 발원한
천리 비단 물줄기
삼도를 돌아 서해로 가다 머문
하늘 닮은 대청호 기슭
칠천 이백 날을 은둔해 온
고독한 영욕의 부산실(副産室)
빗장을 열고 만인에게 외친다

애초에 주인 없이 돌다
내게 머문다고 제 것 아니거니
부질없이 탐하지 말고
일체가 본디 그대로 아니어서
동풍이 돌아서면 서풍이거늘
세도인들 영원할까
집착을 버리고 마음 편히 살라네

낙가산 마애불

한 계단 오를 때
흐르는 땀방울로
찌든 번뇌 씻어 내고
두 계단 오를 때
내뿜은 거친 숨결에
얼키설키 녹슨 속정(俗情)
바람결에 날려 보내며
사백 열여덟 계단 오른다

자비로운 마애불
솔바람에 전하기를
흰 구름은 가벼워
유유히 흘러가고
점점이 떠 있는 섬은
스스로 고요함이니
사바의 짐 내려놓고
평정심으로 살라 하네

요지경 세상 1

물샐 틈 없이 밀려오는 신풍(新風)
오천년 무성한 솔밭을 휘도니
고샅에 핀 구절초 꽃잎 떨어지고
피와 살을 같이한 정(情)보다
가진 게 많은 이웃을 우선하여
빈천지교 아랑곳없는 세태
힘에 따라 걸태질한다

진돗개도 혈통이 있음인데
아비는 김 씨 건만
어미 따라 이 씨 되는 신풍속도
깜부기 밭에 난 보리가 잡초라니
가슴에 드리운 암운이야 어떠랴마는
천상에서 지켜 본 공맹(孔孟)
진노할까 두렵구나

요지경 세상2

골목길 애정행각
남이 하면 불륜
내가 하면 로맨스

부정한 행위 널리 알림
강자가 하면 국민의 알권리
약자가 하면 명예훼손

만인 중 일인의 뜻
내 편이면 오차범위 안 여론
남의 편이면 소수의견

시시비비 가리려 해도
저마다 눈금이 다른 자(尺)
정답은 없고 해답만 난무한 세태

요지경 세상 3

크고 작음은 정(正)과 무관하건만
여의도에서는 큰 것이 정이 되어
대소 따지는 다툼이 그치지 않네

많고 적음은 덕의 기준이 아니건만
세종로에서는 많은 것이 덕이 되어
사사건건 강부자°를 선호하네

강하고 약한 것이 의(義)와 다르건만
바다 건너에서는 강한 것이 의가 되어
굽실거리는 게 전략동맹이라네

※강부자 : 정치권의 신조어 이른바, '강남부자'

시인에게

미풍으로 시작한 서풍은
어느새 강풍이 되어
태풍이 불거라고 예고한다

밀려난 고풍(古風)은
음습한 담장 밑에서 맴돌고
밀고 온 신풍(新風)은
고층빌딩숲을 휘몰며 돈다

방풍(防風)은
고루의 낙인이 찍히고
영풍(迎風)은
엘리트의 명예를 얻는다

바람을 막을 자여
그대는 단군의 후예이며
세종의 넋을 안았음이니
분연히 일어나 붓을 들어라

모란장

오만가지 물건 널브러져
지정된 선 있으나마나
익숙한 무질서 실종된 청결의식

어디라 할 것 없이
밀려다니는 인파의 웅성임
호객하는 확성기의 불협화음
소음과 혼잡으로 얼룩진 난장판

가금류의 역겨운 냄새
불판 위에 타는 육질의 노린내
코끝을 맴돌다 머물세라
서둘러 돌아서는 백의천사

에누리의 정겨움이 좋다마는
목소리 큰 취객의 자유천지
빈자(貧者)만의 천국이 아닐는지

사라져 가는 미풍

전파를 타고 안방에 든 사랑
한 남자와 두 여자
한 여자와 두 남자
얽히고설키어 안개 속 선악이니
한 지붕 두 가족 희비 갈리고
신세대 함박웃음 구세대 등을 민다

오천년 간직해 온 하얀 얼
백년 서풍에 무너지고
양다리 기심(機心)에 멀어진 일편단심
만나고 헤어짐이 손바닥 뒤집기인 걸
함양박씨 누가 알고 춘향이를 기억할까

뿌리 깊은 나무야
동풍이면 어떻고 서풍인들 어떠랴마는
가녀린 갈대는 실바람에 흔들리나니
길들인 박수에 미련을 두지 말고
시비가려 선도하는 매스컴이 아쉽구나

빈자의 설움

앞마당 햇볕 드는 곳에는
벼 말리기 한창인데
간짓대의 횡포 두려워
차마 범접하지 못한 참새
빨랫줄에 앉아 조잘거린다

한번쯤 귀 기울리어
문틈 새 파고든 설운 사연
들어 볼만도 하건마는
단잠 깬 배부른 나리
시끄럽단 호통이 웬 말인가

용마름에 가리어 그늘진
뒤꼍 자잘한 대숲
허기진 배 채우려고
어지러이 드나드는 멧새
그칠 줄 모르고 촐싹거린다

세상은 알고 있으련만
듣는 둥 마는 둥
댓잎만 빈자의 편에 서서
장단 맞춰 어깨춤 추며
푸른 발 드리워 숨겨준다

설날 풍경

여섯무날 밀물처럼
밀려왔다 밀려가던 도심의 인파
민족대이동 귀성길에 몰려들고
한산한 거리에 서서
차가운 겨울바람에 떨고 있는
벌거숭이 가로수가 쓸쓸하다

똑똑 쉼 없이 오가던
발자국소리 멎은 전철역 대합실
살바람 스미는 모퉁이에 웅크린
소박맞은 숙자의 얼굴
초점을 잃어버린 눈가에 드리운
검푸른 그림자가 애처롭다

가난 없고 그늘 없는
평등사회 만든다던 연사의 포효
전파를 타고 귓가에 맴도는데
표심 향한 허풍일망정
신바람 뒤에 숨은 외로운 이
서글픔을 달래 줄 묘책은 없는가

속임수의 희비

여의봉 휘두르며
무대에 올라
현란한 손놀림으로
관객의 눈을 속여
박수갈채를 받는 마술사

회심의 미소 지으며
정계에 뛰어들어
감언이설 입놀림으로
민초의 귀를 속이고
부귀영화를 누리는 선량

손놀림 감언이설이
속임수는 매한가지건만
훗날 사람들 말하기를
전자는 재인(才人)이라 부르고
후자는 죄인(罪人)이라 부르네

탈선

가로수에서 떨어진
포도 위 하얀 털 애벌레
등허리 폈다 오므리며 기어간다
그가 있어야할 곳은 나뭇잎인데
정도를 벗어났음이리

저만치에는
발길에 밟히어 상처 난 애벌레
개미군단에게 끌려가며
온 몸으로 부르짖는 소리 없는 탄성
한 점 실수하지 않은 이 누구인가

인적이 끊이지 않는데
행인마다 고승이랴
바람이 불 때는
더욱 조심해야 하건마는
부주의의 해악을 왜 몰랐을까

두 얼굴

가없는 우주공간을
하염없이 오가는 동안
너불거리는 거미줄을
비껴가는 부드러운 바람결
이면에 숨은 광포는
용서할 수 없는 인류의 적

드넓은 바다를 향해
굽이돌아 흘러가는 동안
너덜거리는 갈잎을
돌아가는 느긋한 강물
가리어진 숨은 만행은
폐허를 부른 대자연의 탕아

속고 속이는 것은
인간사도 매한가지
점 하나에 남 되고 임 되거늘
겉과 속 다른 것이
바람과 강물뿐이리오

제6부
한밤의 단상

미물일지언정 그도 중생
생명의 존엄성은
영물과 다르지 않으련마는
약자에 강하고 강자에 약한
편향된 저울대의 눈금이
어룽어룽 단잠을 빼앗아 간다

한밤의 단상

귓가를 맴돌며 피를 부르는
한밤의 불청객
반쯤 감긴 눈으로 책장 구석에
숨어있는 그를 찾아 단죄하니
벌레를 보고 돌아서 간
석혜달°의 자비가 가슴을 친다

종족보존을 위한 흡혈일 뿐
동족을 해한다는 말 들은 적 없어
공생을 외치면서 이기를 택하고
망은과 배신으로 동족을 물고 뜯는
영장에 비하면 죄질이 가볍거늘
징벌할 자 누구인가

미물일지언정 그도 중생
생명의 존엄성은
영물과 다르지 않으련마는
약자에 강하고 강자에 약한
편향된 저울대의 눈금이
어룽어룽 단잠을 빼앗아 간다

※석혜달° : 미물도 깨달음을 이룰 수 있다 하여 땅에 벌레가 있으면 돌아서
  갔다는 진나라때 고승

매미의 외침

어둡고 찬 땅 속에서
삼년 내지 십 수 년을 기다리다
인간 세상에 태어나
보름을 살다가는 단명(短命)의 주인공
귀청이 터질 듯한 그의 파열음은
짧은 생의 한이 아니다
종족보존을 위한 절규이다

그는 사람이 가까이 갈수록
파열음의 강도를 더 한다
왜 그럴까
모태의 보호 속에서
열 달 만에 태어나
칠팔십을 살고도 아쉬워하는
세월의 불만자(不滿者)에게
주어진 생에 최선을 다하라는
엄중한 외침인지도 모른다

등나무 꽃

파랑과 빨강이
어울러 빚은
신비의 색 등꽃 송아리
초록 잎 사이로
꽃잎 열고 드리운 채
실바람에 나부끼며
벤치에 앉아 속삭이는
연인들의 밀어를 훔친다

가누지 못한 줄기
행여 떨어질까
남에게 기대어 친친 감고
천정(天頂)에 올라
녹색 그늘 만들어 놓고
그윽한 향기로 행인 불러
흠 없는 생 없으려니
탓하지 말고 겸허히 살라 하네

동행

눈앞에 보이는 남산
돌아서면 등 뒤에 있고
생각을 바꾸면 시비도 달라지리니
내편 남의 편 따로 있을까

두 마을 사이로 흐르는 강
서촌에서는 동강이라 부르고
동촌에서는 서강이라 하리니
이름이 다르다고 다투지 말자

서울에서 떠난 여행길
경부선 호남선 목적지는 달라도
대전까진 오순도순
이웃하여 가면 어떨까

태산에 오르는 길
하나가 아니거늘
좌우가려 외길을 고집하지 말고
너 나 어울리어 중도로 가자

코스모스

실바람의 간질임에
해맑은 웃음 띠우고
저만치서 다가오는
가을소식 전해주는 전령사

제 흥에 겨워 춤을 추다
고추잠자리 사랑고백에
수줍은 소녀의 순결인 양
얼굴 붉히고 돌아서는
신이 만든 최초의 습작화

기다리는 이 뉘 있어
가냘픈 허리 곧게 뻗고
길가에 서서
팔방을 바라보며 기다리는가

민들레 사랑

가녀린 이파리
가누지 못해
납작 엎드려 밟히고 찢겨도
굽히지 아니하는 기개
잎사귀 수만큼
꽃을 피우면서도
한 송이 질 때까지 기다리다
순차로 피어나는 절제가 곱다

맑은 날은 향기 뿜어
벌 나비 부르고
흐린 날은 꽃잎 오므려
어둠을 외면하는 지조
민들레야
무심히 스쳐가는
발길 서러워하지 마라
나만은 너를 사랑하느니

구름 속의 달

밤하늘에 떠도는
바람의 종자(從者)
교교히 흐르는 달빛
켜켜이 덧씌워도
이따금 고개 내민
구름에 싸인 달
환한 웃음 지으며
탓하지 말라 하네

어둠이 지나고 나면
밝음이 찾아오듯이
산다는 게 그러거늘
서럽다 하련마는
덧없이 흐른 세월
서산마루 머무나니
온 누리 비추려던
푸른 꿈은 어이할까

무궁화 예찬

다섯 꽃잎 어우러진 단심
온 누리 뻗어 감은 공생을 말하고
단일 색 마다한 아련한 자태
치우치지 아니하는 홍익을 뜻함이니
단군의 넋이 서린 꽃 중의 꽃이로세

아침에 피고 저녁에 지기를
여름 백날 삼천 송이 피운 뜻은
하나는 짧아도 여럿이면 길다함이요
일만 삼천 날 뽑히고도 만연한 끈기
오천년을 이어온 배달의 기상이로세

옥에도 티 있다 하거늘
작은 흠인들 없으랴마는
한마음 한뜻으로 곱게 가꾸어
발길 닿는 들 눈길 가는 울안에도
무궁 무궁히 아름답게 꽃 피우세

미련 1

세상사 유한함이라
아쉬움이 남기 마련이며
모든 걸 알지 못하고
원하는 대로 가질 수 없다

높이 오르는 자
떨어질 때 아픔이 크고
낮게 기는 자
먼 곳을 보지 못한다

연둣빛 편지 속에는
세월의 흐름이 적혀 있고
풍어를 꿈꾸는 어부는
향수를 달래려 노래한다

우주가 무한하거늘
절대 만족이 있을까
초승달 아쉽다 하지 말고
보름달 될 때까지 기다리자

미련 2

사계의 마지막을
알리는 서리꽃이
대지를 뒤덮어 차가운데
봄날의 장미꽃을
피우려는 꿈은
실핏줄을 타고 흐르는
향기가 남았음인가

초록 잎 지고 없는
앙상한 심전(心田)에
새록새록 돋아나는 푸른 싹은
풍진에 짓밟히어
못다 핀 미련을
온 몸으로 피우려 하는
지고지순의 몸부림인가

백팔염주

실 빛마저 들지 않은
무명(無明)의 늪에 빠져
내 안의 불성을 찾지 못하여
잠간 있다 사라지는
아침 이슬처럼
보이는 것 머무는 것마다
본래도 없고 끝내도 없는
꿈속의 인연임을 알지 못하네

삼세악업 짊어지고
끝도 시작도 없는
번뇌 망상의 사슬에 메인 채로
육바라밀 행하고자
관세음보살 이름 빌어
백팔염주 알알을 돌리건마는
사상 육진 가로막으니
육도 윤회의 끝은 언제려는가

춘삼월

그늘진 개울가에
햇살이 찾아들어
졸던 잔설 간질이니
꽃샘으로 버티다가
가진 것 다 버리고
졸졸 투덜대며 강 찾아 간다

알몸으로 꽃을 피운
성미 급한 홍매화
하늘이 부끄러워
얼굴을 붉히건마는
상춘객의 함박웃음
꽃길 따라 끊이지 않는다

생명의 입김이
마른 풀잎 흔드나니
설한풍이 두려워
숨어 살던 이파리
녹색치마 저고리 걸치고
살포시 고개 내밀어 봄을 맞는다

해바라기 꽃

그리다 지쳐 타들어 간
까만 가슴 활짝 열고
함초롬히 이슬 머금어
황금빛 웃음 짓는 그대

길섶 가장자리에 서서
임 오실 길목 향해
하염없이 고개 숙인
비운의 요정 크리티의 넋인가

눈부신 햇살 앞세우고
떠오르는 태양을 향해
기린 목 내밀어 따르던
이천 알알의 일편단심

눈앞에 둔 사랑이건만
가까이 할 수 없어
어두운 밤길을 헤매는
서러운 내 마음 같아라

화무십일홍

길섶에 흐드러진
선홍색 철쭉꽃잎
엊그제 흰빛이 돌더니
간밤에 내린 봄비에 떨어졌네

차면 기우는 것이
사물의 이치려니
흙에서 와서 흙으로 가는 것이
꽃만이 아니거늘 아쉬워할까

바람에 나뒹굴며
발길에 밟히고 찢기다가
소낙비에 씻기어
이름 모르는 곳에서 떠돌 신세

차라리 돌 틈에 끼어 있다
이슬 먹고 서리에 젖어
돌아오는 봄에
고운 꽃 피울 양분이 되었으면

갈대

허허실실의 지혜로
연약한 몸 속 비우고
거센 바람 불어도
긴 다리 흐느적거리며
쓰러지지 않는 질긴 생명

다시 오마고 속삭이며
가녀린 허리 스쳐가는
임의 모습 바라보며
속절없는 아쉬움에
돌아설 줄 모르는 순정

마디마디 조율된
가느다란 기타줄
산들바람이 튕기노라면
발그스레한 갈 이삭
잎이 부르는 노래에 맞추어
굼실굼실 춤을 춘다

낙조

어둠을 걷고 살포시
창틈으로 스며들어
고공을 향한 꿈을 재촉하며
단잠을 깨우는 아침햇살

이글이글 타오르는
뜨거운 열정으로
대지를 달구어 차마
바라보지 못할 중천의 태양

서산마루에 머물러
에두른 솜털 구름
핑크빛으로 곱게 물들이고
어둠을 기다리는 저녁노을

시작은 과정을 낳고
과정이 자라 결과 되느니
우열가려 무엇하리까마는
한사코 제일은 낙조라 하네

세밑 단상

어둠이 깔린 새해 첫 날
백설이 잠든 산정에 올라
서운을 헤치고 타오르는
붉은 태양을 바라보면서

가슴을 파고드는 한풍에
시린 손 겨드랑에 묻고
선인이 일러 준 호사유피
발원하며 다짐했건마는

공전하는 지구를 따라
속절없이 흐르다가
세밑 가장자리에 서서
삼백 예순 날 뒤돌아보니

이룬 건 기억할 수 없어
내뿜은 잔연의 사위 속에
덧없는 세월의 아쉬움이
뇌리를 스치며 어룽거리네

별천지 노래방

잘한 사람 칭찬하고
못한 사람 책망함은
세상사의 평범한 이치건만
잘한 사람 벌금내고
못한 사람 환호하는
이색풍광 너 더욱 아름답다

일등 이등 차별하고
우열이 분명함은
승부세계의 정한 이치건만
흠도 티도 묻지 마라
흑백가려 무엇하리
승패가림 없는 박수 아름답다

소낙비

한여름 뙤약볕
대지를 달구어 승천한 열기
한공(寒空)에서 짝짓기 하여
무수히 잉태한 작은 물방울

파아란 화선지에
흰빛 잿빛 색칠하여
삼라만상을 그려놓고
태양열을 가릴 때는 곱더니만

거센 바람에 쫓기어
검게 멍든 채 맴돌다
한강에서 뺨맞고
용산에서 눈 흘기는 못난 광기

휘몰아 봇물 터트리면
지상에서 날벼락 맞은
생물의 억울한 사연은
어찌 어디 가서 하소연할까

현명한 선택

초저녁
서산마루에 걸친
초사흘 눈썹달은
오밤중
중천에 둥실 떠 있는
대보름 둥근달과
본래 같은 달이며
자전과 공전에 따라
날마다 모양을 달리함을
뉘라서 모르랴마는
저마다 보름달을 곱다 하네

미워하는 마음으로
찡그린
볼썽사나운 얼굴과
사랑하는 마음으로
미소 지어
상냥스러운 얼굴은
서로 다르지 아니하고
스스로의 감정에 따라
시시로 변화함을
모르는 이 없건마는
사람들은 웃는 얼굴을 좋아하네

각설이 타령

멀쩡한 옷 군데군데
붉은 천 검은 천으로 기워 입고
한쪽 바짓가랑이
무릎 가까이 걷어 올린 채
딸기코 벙거지로 분장한 각설이

새로 산 시계바늘처럼
빙빙 장날을 돌아다니며
엿가위 장단 맞추어
춤추며 노래하는 구성진 타령
얼씨구절씨구 어절씨구 들어간다

검게 그을린 공짜 안주로
한두 잔 마신 술에 얼근하여
흥에 겨워 시름을 모르는 채
해맑은 웃음 지니고 들썩이는
구경꾼의 어깨춤이 정겨웁다

호박꽃

옥토를 고집하지 않고
애써 가꾸지 않아도
빈터 어디에서나 절로 피는
미완의 황금 종

널따란 꽃잎 도톰한 꽃술은
벌 나비 불러와 쉬게 하고
달콤한 꿀을 주며 자비를 베푸는
자애로운 어머니의 품

암수 따로 피고 순박함은
예의지국을 가리킴이요
맺은 열매 양식되고 약이 됨은
진실공덕의 과실(果實)을 말하건마는

슬프다
꽃일 제 외면하고 과실 탐한 인심
속 비고 외양 좇는 군상이여
호박꽃도 꽃이냐고 묻지를 마라

우중의 경춘가도

한 줄기 소나기가
금방이라도 쏟아질 듯
먹구름에 가린 오후
산마루 돌아서는 비운(飛雲)을 따라
세월에 묻힌 그리움 찾아
북한강변을 달린다

간간이 떨어지는
굵은 빗방울
차창에 작은 파문 그리며
반쯤 열린 창문으로
빗물에 젖어 스치는
바람의 입맞춤이 산뜻하다

행복했던 순간들
아름다운 추억만 남기고 떠난
사랑했던 그 사람
다시는 돌아오지 못할
무정한 임을 그리며
우중의 경춘가도를 달린다

부채춤

화관 당의 고운 자태
밟힐 듯 밟힐 듯
치맛자락 날리는 잔걸음
널따란 꽃부채 높이 들고
살포시 흔들며 지은 미소
임 마중 여인의 정겨움인가

동시 또는 이시적으로
부채를 접었다 펴며
꽃이 되고 나비가 되어
빙글빙글 돌아가는
우아한 춤사위의 아름다움
천진한 새색시의 수줍음인가

창부타령 장단에 맞추어
장중한 가락에는
고요한 산이 되고
흥겨운 가락에는
파도가 되어 출렁거림은
내면의 정(靜)과 동(動)을 비움인가

용천의 소리
-고르예술단의 쌍절고 공연

허리 굽혀 다소곳이
느리고 여리게
따다따다 따다따다
걸싼 손놀림으로
빠르고 강하게
따다다닥 따다다닥
끊길 듯 이어지는
풍운우뢰의 격정
심장의 박동을 채질하며
신명의 불꽃을 피운다

무아경에 빠진 고수
어깨가 들썩들썩
구경꾼 흥에 겨워
손뼉 치며 환호하고
쌍절고는 외치나니
삼라만상이 무상함이요
마음은 거처가 없거늘
상에 머물지 말라 한다

무명초

개나리 진달래 피고 진
길가 숲새에 겅성드뭇이
피어있는 이름 모른 들꽃
불러주는 이 없어
무명초라 한다마는
한 떨기 꽃이거니 서럽다 마라

무심한 행인 보건 말건
반기는 이 있고 없고
제 수명 다할 때까지
초록에 홍일점이거늘
곱게 피어 비명에 간
상갓집 국화보다 못할 손가

독도는 우리 땅

영역 무시 초원을 헤매며
애써 잡은 남의 먹이를
집요하게 가로채려는
뻔뻔스러운 하이에나
맹수의 제왕 사자마저도
생떼를 어찌지 못하고
양보하고 마는 야생의 무법자
그가 동에서 환생하였음인가

울 밖 남의 땅에 말뚝 박고
자기 땅이라고 우기는 자
생김새 사는 곳은 달라도
근성은 매한가지
노한 지신(地神) 대지를 흔들고
동해 용왕(龍王) 시나브로
자기 땅을 침식하건마는
욕심이 죄를 낳고
죄가 사망을 낳는다는 천리
아는지 모르는지

6월의 애상

서울의 젖줄 한강 물
평양의 젖줄 대동강 물
서해에서 하나 되어
걸림 없이 남과 북 오고가는데

한라산에 머문 구름
백두산에 머문 구름
철따라 바람 타고
가림 없이 남과 북 넘나들건만

남에서 가는 종착역
북에서 오는 시발역
도라산역 철마는 어이
육백이십 리 철책에 막히었는가

서른일곱 달 포화
산고 끝에 이산을 낳고
허리띠 동여맨 지 이순
무궁화 꽃 피는 날은 언제이런가

에필로그

　시집을 출간할 때 저명한 문학평론가나 교분이 두터운 시인을 통해서 서평 또는 작품해설을 하는 것이 일반적이다. 그러한 서평 또는 작품해설은 지극히 호평적이다. 물론 작품이 좋아서 좋은 평을 한 것으로 믿고 있다. 우리나라는 예로부터 칭찬하는 것을 미덕으로 여긴 예의지국이기 때문에 좋은 평을 하는 것이 당연한 결과라 해도 과언이 아닐 것이다.
　필자의 시집 《산다는 것은》 은 서평 또는 작품해설이 없다. 이는 '시인의 말'에서 밝혔듯이 어떤 시가 좋은 시인지 모르기 때문에 스스로 좋은 시가 아닐 것으로 믿어서다. 저명한 문학평론가나 교분이 두터운 시인에게 서평 또는 작품해설을 부탁한다면 난감해 할 것이 불을 보듯 빤하다.
《산다는 것은》 시집을 읽은 독자는 좋은 시가 아니라고 생각하는데, 좋은 시라고 평한다면 평자(評者)의 체면이 어떻게 되겠는가? 그렇다고 좋은 시가 아니라고 사실대로 직시한다면 저자(著者)의 체면은 또 어떻게 되겠는가? 이러한 우려를 불식하기 위해 서평 또는 작품해설을 담지 않았다.
　필자는 70년 삶을 통해서 많은 것을 가지고 있으면서도 더 많은 것을 가지려다 패가망신한 사람들을 보았다. 또

세인으로부터 선망의 대상이 되었음에도 더 많은 것을 누리려다 영어(囹圄)의 신세가 된 고관대작을 알고 있다.
 우리 사회에 만연한 부정과 비리는 물론이거니와 서구 문명의 물질제일주의가 팽배하여 경로효친의 정신문화가 멀어져 가는 현상을 시의 진실로 계도하고자 나름대로 심혈을 기울였으나 무딘 두뇌와 서투른 글재주로 그 뜻을 다하지 못해 안타까운 마음 금할 수 없다.
 이 시집을 읽는 독자가 있다면 필자의 자화상을 그린 '낡은 자전거'(35쪽)처럼 고물상을 기다리는 노인과 '설날 풍경'(109쪽)에서처럼 우리 사회로부터 소외당하여 음습한 지하에서 밤을 지새우는 빈자가 있음을 잊지 말기를 바란다. 또 그들에게 희망을 주고 삶의 보람을 느낄 수 있도록 따뜻한 배려를 베풀어주길 바란다.
 '동행'(117쪽)에서와 같이 생각을 바꾸면 시비(是非)도 달라지는 것이 우리 사회의 참 모습이다. 내 편, 남의 편 가르지 말고 모두가 어깨동무하고 갈 수 있도록 일만 이천 시인이 솔선수범함은 물론 지혜를 모아 선도하여 주기를 기대한다.

2012년 유월 고희를 앞두고
유심 김 양 호

김 양 호 시집
산다는 것은

2012년 6월 10일 초판 인쇄
2012년 6월 15일 초판 발행

지 은 이 ‖ 김 양 호
발 행 인 ‖ 정 병 국

펴 낸 곳 ‖ 도서출판 지식과 사람들
등록번호 ‖ 제2-3436
주   소 ‖ 서울 중구 충무로 4가 149-3
대표전화 ‖ 02-2277-7674
ISBN   ‖ 978-89-962910-18-8

값 9,000원

·인지는 저자와의 합의로 생략합니다.
·잘못된 책은 교환해 드립니다.